Commentaire

Par Bertrand Conard

Apologie de Socrate

La réponse de Socrate à ses premiers accusateurs

Platon

lePetitPhilosophe.fr

PLATON

PHILOSOPHE GREC À L'ORIGINE DE LA THÉORIE DES IDÉES

- **Né vers 427 av. J.-C. à Athènes (Grèce)**
- **Décédé vers 347 av. J.-C. à Athènes**
- **Quelques-uns de ses dialogues :**
  - Apologie de Socrate
  - La République
  - Le Banquet

Issu d'une famille aristocrate, Platon est **un penseur grec né à Athènes**. Il est notamment connu pour sa théorie des Idées, qui oppose au monde sensible un monde intelligible parfait et immuable, ainsi que pour son **idéal de cité** qu'il désirait faire reposer sur le savoir plutôt que sur la richesse ou sur la force militaire. Disciple de Socrate, il a aussi créé sa propre école, **l'Académie**, qui dispensait une formation en mathématique et en philosophie.

Platon est l'un des rares philosophes dont l'œuvre nous soit parvenue dans son intégralité. Les **dialogues platoniciens** (forme littéraire la plus utilisée par Platon) ont le mérite d'avoir exploré la majorité des thèmes importants comme la politique, l'éthique, la métaphysique ou encore l'esthétique.

L'APOLOGIE DE SOCRATE

LE MYTHE FONDATEUR DE LA PHILOSOPHIE

Probablement **écrit entre 392 et 387 av. J.-C.**, l'*Apologie* retrace **le procès et la condamnation à mort de Socrate**, en 399 av. J.-C. à Athènes, par le tribunal de la cité. Ce fait qui aurait pu rester banal aux yeux de l'histoire de l'humanité fut considéré par Platon comme le mythe fondateur de la philosophie, dans le sens où le philosophe juge que la mort de Socrate était nécessaire pour permettre à la philosophie de vivre.

L'*Apologie* est, comme bien d'autres œuvres de Platon, **un discours rapporté**. C'est d'ailleurs un des seuls moyens de pouvoir accéder à la pensée de Socrate, car ce dernier, qui se méfiait de l'écriture, n'a laissé aucun écrit. Par conséquent, il est parfois difficile de déterminer qui est vraiment l'auteur des mots prononcés (en effet, Platon met souvent dans la bouche de Socrate des idées qui sont les siennes). Cependant, il y a de bonnes raisons de croire que ce texte-ci est très proche de ce qui fut dit. En effet, même si l'*Apologie* fut écrite quelques années après les évènements, bon nombre de juges et d'auditeurs présents lors du procès étaient encore en vie entre 392 et 387 av. J.-C. Ceci impose des contraintes d'exactitude bien plus grandes que si le discours n'avait eu lieu qu'entre quelques interlocuteurs décédés à l'époque de l'écriture.

MISE EN CONTEXTE

Précisons tout d'abord qu'**un procès n'est pas un évènement exceptionnel** dans la vie de la cité athénienne à cette époque. En effet, toute forme de conflit peut être portée devant un public de juges. Les affaires juridiques sont de deux types : privées ou publiques. L'affaire qui concerne Socrate est publique, car elle porte sur des sujets intéressants l'ensemble de la cité.

Lorsque **Mélétos, un citoyen athénien, dépose une plainte** (*graphè* en grec) contre Socrate, **une instruction est mise en place par l'archonte-roi** (magistrat qui s'occupe des fonctions judiciaires et religieuses, et plus particulièrement dans ce cas-ci des crimes d'impiété). L'instruction consiste en une enquête préliminaire permettant de décider si l'affaire mérite nécessairement un procès. Tel est le cas pour la plainte déposée contre Socrate : l'archonte transmet alors l'affaire au tribunal compétent. C'est l'**Héliée** (tribunal populaire constitué de six-mille citoyens âgés de plus de trente ans et tirés au sort chaque année) qui est **chargé d'examiner et de juger l'affaire**. Le nombre de juges pour chaque procès dépend de l'importance de ce dernier. Si le nombre exact de juges pour le procès de Socrate n'est pas connu, Platon nous apprend cependant qu'ils étaient en nombre non négligeable.

Lors du procès en lui-même, **un greffier est chargé de lire l'accusation à l'assemblée**. Cette dernière est constituée des deux parties (accusateur, accusé et leurs témoins respectifs), des magistrats, des juges et du public. En général, **un procès se déroule en trois étapes** d'égale longueur mesurées au moyen d'une horloge à eau (ou clepsydre) : un tiers du temps est réservé à l'accusateur, un autre tiers à l'accusé et le dernier tiers à l'établissement de la peine. Cependant, dans le cas de Socrate, on procède différemment : **la peine est d'emblée proposée par l'accusation**. Dans un tel cas de figure, si le jury reconnait la culpabilité de l'accusé, une argumentation en faveur de la peine peut être tenue par l'accusation, puis une peine alternative peut être proposée et défendue par la personne jugée coupable. Le jury vote ensuite une deuxième fois pour décider laquelle des deux peines présentées sera appliquée. Dans le cas du procès de Socrate, c'est précisément cette deuxième étape qui est réellement décisive.

LA FIGURE DE SOCRATE

Probablement **né en 470 av. J.-C. à Athènes**, Socrate est une figure clé de l'histoire de la philosophie. Fils d'une sagefemme et d'un ouvrier sculpteur, Socrate fut pénétré du métier de ses parents tout au long de sa vie. Cependant, au lieu de faire naitre des enfants, il s'évertua à faire **accoucher les esprits**. Et au lieu de tailler la pierre, il s'entêta à **sculpter les âmes**.

Comme Socrate le fait remarquer au début de l'*Apologie*, **c'est la première fois qu'il comparait devant un tribunal**. Cela démontre, puisqu'un procès n'est pas un évènement exceptionnel à cette époque, qu'**il n'est pas impliqué dans**

la vie de la cité. En effet, il préfère les petits groupes et fait en sorte d'éviter les foules. Néanmoins, ce n'est pas parce qu'il se préoccupe peu des affaires de la cité qu'il va jusqu'à ne pas se soumettre à ses lois, même si elles peuvent être injustes.

La philosophie de Socrate s'apparente à une quête de la vérité par le biais du dialogue. L'art du dialogue ou de la discussion, couramment appelé dialectique, permet, à partir de la formulation d'idées souvent opposées, de découvrir des connaissances vraies. La méthode dialectique de Socrate prend deux formes, l'ironie et la maïeutique :

- **l'ironie socratique consiste à feindre l'ignorance afin de déstabiliser son interlocuteur**. Plus précisément, Socrate feint de vouloir apprendre quelque chose du discours de son interlocuteur. Pour cela, il décrypte l'argumentation de la personne qu'il a en face de lui **jusqu'à lui faire remarquer que sa position est contradictoire ou erronée**, probablement parce qu'elle se base sur des éléments qui ne sont pas intérieurs à l'interlocuteur. En pratiquant l'ironie, Socrate force donc les hommes à chercher la vérité par eux-mêmes et à l'intérieur d'eux-mêmes ;
- c'est également en ce sens que Socrate pratique **la maïeutique**, qui désigne l'art de faire « accoucher les esprits ». L'objectif n'est pas de transmettre un savoir, mais d'**aider son interlocuteur à engendrer une connaissance qu'il possède déjà en lui**. Grâce à cette méthode, Socrate le force à s'interroger et ainsi à **se connaitre lui-même**. Pour Socrate, la vérité ne s'obtient pas « une bonne fois

pour toutes » : elle doit se vivre, se découvrir, se dévoiler.

LES DISCOURS DU PROCÈS

Le texte de Platon est découpé **en trois discours** :

- **le premier concerne la culpabilité de Socrate**. Ce dernier se défend des anciennes et des nouvelles accusations qui lui sont faites. À côté des anciennes accusations, que nous étudierons plus profondément via le commentaire de texte qui suit, celles déposées par Mélétos sont au nombre de trois. Socrate est accusé « de corrompre les jeunes gens », « de reconnaître non les Dieux que reconnaît la cité » et d'introduire « des divinités nouvelles » (*Apologie de Socrate*, p. 97). Tout au long de cette première partie, Socrate nie sa culpabilité et répond un à un aux reproches que Mélétos lui adresse. Il finit par confronter ce dernier à ses propres contradictions. Cependant, les juges semblent peu convaincus et Socrate finit par être jugé coupable par une faible majorité d'entre eux ;
- **sa culpabilité établie, Socrate doit, dans un deuxième discours, proposer une peine alternative** à celle réclamée par l'accusation. Mais, au lieu de demander pitié, Socrate provoque les juges : premièrement, en demandant que sa peine soit d'être nourri au prytanée (édifice public), ce qui constitue l'un des plus grands honneurs qui puisse être fait à un citoyen ; et deuxièmement, en proposant une amende d'un montant dérisoire qui ne suffirait même pas à payer les juges pour le procès. Alors qu'il fut préalablement jugé coupable par une faible majorité, les juges, excédés par son attitude, votent en

grande majorité pour la peine proposée par l'accusation, à savoir la peine de mort ;

- **enfin, la troisième et dernière partie est une conversation informelle entre Socrate et les juges** où ils s'entretiennent principalement sur la mort. Socrate sous-entend qu'elle peut être préférable dans certaines situations.

TEXTE

LA RÉPONSE DE SOCRATE À SES PREMIERS ACCUSATEURS

À partir de « Cela étant, Athéniens, il est juste que je me défende, d'abord contre les premières accusations mensongères qui ont été portées contre moi et contre mes premiers accusateurs et, ensuite, contre les accusations qui ont été récemment portées contre moi et contre mes accusateurs récents. [...] » jusqu'à « [...] Or, comme sans aucun doute ils tiennent à leur réputation, comme ils sont agressifs et nombreux, et qu'ils parlent de moi sur un ton véhément et persuasif, ils vous ont depuis longtemps déjà rempli les oreilles de calomnies véhémentes. Et c'est en s'appuyant sur ces calomnies que Mélétos de concert avec Anytos et Lycon me sont tombés dessus. »

PLATON, *Apologie de Socrate*, traduction de Luc Brisson, Paris, Flammarion, 2005, p. 88-96.

EXPLICATION ET ANALYSE DU TEXTE

Socrate désire avant d'aborder les accusations relatives à son procès se défendre d'autres calomnies plus anciennes qui sont probablement à l'origine de ce dernier. Au début de l'extrait étudié, il précise que **les premiers accusateurs sont sans doute les plus redoutables, car ils ont exercé une influence plus longue et sur des esprits plus jeunes**. Par conséquent, les calomnies qu'ils ont proférées sont profondément ancrées dans les esprits de la plupart des citoyens. Socrate a donc raison d'affirmer que **ce sont probablement ces anciennes calomnies qui ont servi d'appui à Mélétos** pour engager une action juridique. Mais quelles sont-elles exactement ?

Deux calomnies

D'une part, il lui est reproché de s'intéresser « aux choses qui se trouvent dans l'air » et « sous la terre ». En somme, **on lui reproche d'être un penseur de la nature**, c'est-à-dire d'**adhérer au mouvement philosophique présocratique de l'école ionienne**. Celle-ci avait pour objectif d'expliquer les sciences de la nature de manière rationnelle et non mythologique. Or les Athéniens rejettent ce courant de pensée, car il présuppose que ses membres soient athées (autrement dit, qu'ils ne croient en aucun dieu).

D'autre part, il lui est reproché d'être un penseur qui « de l'argument le plus faible fait l'argument le plus fort ». En d'autres termes, **on lui reproche d'être un sophiste**, c'est-à-dire de **privilégier l'art de la rhétorique par rapport à la recherche de la vérité**, considérée comme relative. En effet, les sophistes, des professeurs itinérants qui enseignaient l'art d'argumenter aux jeunes gens destinés à jouer un rôle dans les assemblées politiques, étaient connus à l'époque non pas pour leur faculté de découvrir la vérité, mais pour leur aptitude à convaincre n'importe quelle personne sur n'importe quel point de vue en recourant à des arguments fallacieux. Par conséquent, ils n'étaient guères appréciés des Athéniens, qui les considéraient comme des corrupteurs et des manipulateurs.

Socrate n'est ni un penseur de la nature ni un sophiste

Cependant, bien qu'il en partage certains éléments, Socrate ne peut pas être associé à ces deux courants de pensée :

- comme les Ioniens, il cherche à accéder à la vérité, mais contrairement à eux, **il se dit ignorant, sans savoir, ne possédant pas de doctrine** ;
- comme les sophistes, il accorde au langage et au discours une place de prédilection, mais à l'inverse des sophistes, Socrate considère que **la vérité n'est pas relative**. De plus, les sophistes réclament de l'argent en échange de leur enseignement, ce que Socrate ne fait pas, vu qu'il ne possède aucun savoir à enseigner.

Tout **l'enjeu de sa défense consiste alors à montrer qu'il ne dispense aucune doctrine**. En effet, s'il arrive à prouver qu'il ne possède aucun savoir et donc qu'il n'enseigne aucune doctrine, son auditoire sera forcé de reconnaitre qu'il lui est impossible d'être coupable des anciennes et des nou-

velles accusations, autrement dit qu'il lui est impossible de
« corrompre les jeunes par son enseignement » ou encore
« d'introduire de nouvelles divinités ».

L'ORACLE DE DELPHES

À juste titre, Socrate se demande comment il est possible
que lui, qui se dit sans savoir, ait pu être calomnié de la
sorte. En effet, comment se fait-il, alors qu'il se sait sans
connaissance, qu'il y ait tant d'opinions contraires qui se
soient forgées sur lui ? S'il ne dispense aucune doctrine,
pourquoi les Athéniens ont-ils l'impression du contraire ?

« Il n'existe personne de plus savant que Socrate »

Pour expliquer cette réputation, Socrate invoque comme
témoin le dieu de Delphes (site du sanctuaire où parlait
l'oracle d'Apollon). Il raconte que Chéréphon, un de ses
amis, consulta l'oracle qui lui affirma qu'il « n'y avait personne de plus savant » que Socrate. **Comment comprendre
cette affirmation contradictoire** ? Socrate prétend ne rien
connaitre ; or les dieux, qui par définition ne peuvent mentir,
affirment le contraire.

Afin de comprendre ce que les dieux voulaient dire, **Socrate
s'engagea à trouver quelqu'un de plus savant que lui**,
dans le but de prouver que les dieux s'étaient trompés. Il alla
donc voir un à un des hommes connus pour être des savants.

Suivant l'ordre du texte et de l'échelle sociale athénienne,
il alla voir :

- des hommes politiques ;
- des poètes ;
- des artisans.

L'ironie socratique

Pour chacun d'eux, Socrate procéda à un examen minutieux de leurs soi-disant connaissances. Il pratiqua en fait une méthode lui étant propre, l'ironie socratique. Par là, Socrate mit les érudits face à leurs propres contradictions et ignorance : il mit en avant le fait que ces savants pensaient qu'ils connaissent quelque chose, alors qu'au fond, ils ne savaient pas. Que conclure de cette expertise combinée avec les dires de l'oracle ?

Socrate déduit de cette apparente contradiction que ce qu'ont probablement voulu dire les dieux : « **Le savoir que possède l'homme présente peu de valeur**, et peut-être même aucune. » Il en conclut qu'il est préférable de n'avoir aucune connaissance, mis à part peut-être la connaissance de sa propre ignorance, que de penser savoir quelque chose qu'on ignore.

Revenons à présent à notre question initiale : pourquoi Socrate a-t-il acquis tout au long de sa vie un statut — celui de savant — qui ne lui correspond pas ? **C'est précisément parce qu'il s'est entêté à découvrir ce qu'ont voulu dire les dieux en le désignant comme l'homme « le plus savant » et qu'il a mis en examen les gens réputés les plus « savants » qu'il a été considéré comme un expert dans les branches de la connaissance qu'il examinait.** Autrement dit, c'est en essayant de montrer que la connaissance a probablement peu de valeur qu'il a été perçu comme un savant. Si Socrate a acquis à tort le titre de « savant » dans les opinions générales de la cité, il a aussi, par son exercice d'examen, contribué à se forger une image négative chez les gens de la cité.

Une méthode qui dérange

Le fait que Socrate soit considéré (à tort) comme un savant n'explique pas qu'il soit jugé par le tribunal de la cité. Certes, si l'opinion publique croit qu'il possède un savoir, elle peut l'imaginer en train de l'enseigner. Cependant, l'enseignement n'est pas un mal en soi et les citoyens ne connaissent probablement pas toute la pensée de Socrate. Pourtant, ils sont plus ou moins convaincus qu'il cause du tort à la cité. Pourquoi ?

Il doit y avoir d'autres raisons qui ont permis à Mélétos d'avoir l'appui nécessaire pour présenter ses plaintes. La réponse est probablement à chercher du côté de l'attitude et de la méthode de Socrate. En effet, **par sa méthode, il a provoqué, embarrassé, gêné, mis à mal toute une série de personnages**, notamment des hommes célèbres. Pour donner un exemple plus actuel, imaginons un homme qui lors d'un débat public télévisé soit capable de faire admettre au président de la République qu'il se contredit lui-même et qu'il ne sait pas du tout, au fond, ce qu'est la sécurité ou la solidarité nationale. C'est un fait : par sa méthode, Socrate s'est créé des ennemis, car personne n'aime être remis en place ou déstabilisé par rapport à ce qu'il croit connaitre.

Le *daimôn* qui habite Socrate

Telles sont probablement les véritables raisons à la base des anciennes calomnies, des nouvelles accusations et de la peine finale du procès de Socrate. En effet, en passant son temps à démontrer l'ignorance des gens et en agissant de la sorte devant des jeunes qui s'empressent de l'imiter, tout en persévérant volontairement dans cette démarche même devant les juges lors de son procès (qu'il provoque à plusieurs reprises), Socrate passe pour un corrupteur de la jeunesse et de la cité qu'il convient désormais de punir.

L'élément le plus étrange peut-être dans le comportement de Socrate est qu'**il est conscient que cette attitude est dérangeante**. Cependant, cela ne l'empêche pas de continuer. C'est parce qu'**il se dit habité par un *daimôn***, une voix divine à la fois mystique et mythique **qui le guide dans ses actes**. Socrate n'y fait pas directement référence dans l'*Apologie*. Néanmoins, il montre clairement qu'il se sent investi d'une mission divine. « Et, chaque fois qu'il me paraît que ce n'est pas le cas, je prête main-forte au Dieu en montrant que cet homme n'est pas savant. » Socrate se considère donc comme un outil de Dieu, ce qui l'empêche d'arrêter sa mission, même si celle-ci doit lui faire perdre la vie.

LA RÉFUTATION DES PREMIÈRES CALOMNIES

En analysant la défense des anciennes calomnies, nous nous demandons pourquoi Socrate se défend encore par la suite des trois accusations portées par Mélétos. Plus encore, comment se fait-il qu'il soit condamné ? Au vu de ses arguments, **il parait inconcevable qu'il puisse effectivement**

être reconnu coupable :

- premièrement, il ne peut pas introduire de nouveaux dieux, étant donné qu'**il se dit être sans connaissance et par conséquent sans doctrine à enseigner** ;
- dans un deuxième temps, il reconnait les dieux que reconnait la cité, car **il obéit à une mission qu'Apollon lui aurait confiée** ;
- enfin, il ne corrompt pas la jeunesse : au contraire, plutôt que d'essayer de lui enseigner une nouvelle doctrine, **il combat le faux savoir**.

Cependant, pour diverses raisons, la défense de Socrate entraine quelques questions, car elle présente **des contradictions et des imprudences** qui lui ont probablement valu sa condamnation. Notons par exemple son idée étrange de vouloir « confondre » l'oracle, ce qui n'est effectivement pas très pieux. D'autre part, Socrate n'utilise pas vraiment de preuves réellement tangibles. En effet, l'histoire de Chéréphon peut facilement être remise en cause. En outre, il ne ménage pas vraiment les juges. À plusieurs reprises, il les provoque et met en doute leurs capacités.

CONCLUSION : UN PROCÈS JOUÉ D'AVANCE ?

D'une certaine manière, la réfutation des anciennes calomnies répond aussi aux nouvelles accusations de Mélétos. Si d'un côté, **Socrate nous montre ce qu'il n'est pas** (ni penseur de la nature ni sophiste), il nous montre aussi que **sa méthode est dérangeante**. Si bien que les accusations récentes ne sont peut-être qu'un prétexte pour éliminer un personnage qui, au fond, n'est guère apprécié par la plupart. Lui-même, bien que conscient de ce fait, ne s'arrêtera pas, car on lui a confié une mission divine : celle de réveiller les Athéniens.

Socrate le dit lui-même, **il n'est guère surpris par le verdict** et ne s'en indigne pas. Outre ses considérations sur la mort, si Socrate ne se rebelle pas, n'essaie pas de s'enfuir ou d'implorer la pitié, c'est parce qu'il reste fidèle à lui-même et qu'il préfère mourir plutôt que de contrevenir aux lois de la cité. Cela reflète une fois de plus le fait qu'il enseigne non pas par le discours, mais par les actes.

Avec l'*Apologie de Socrate*, un tournant fondamental est pris par la philosophie et son rapport au savoir. En effet, il ne s'agit plus simplement d'accéder à une vérité par le langage comme les sophistes, ou par l'expérience comme les penseurs de la nature, mais de **faire de la vérité elle-même une pratique**.

Votre avis nous intéresse !
Laissez un commentaire sur le site de votre librairie en ligne
et partagez vos coups de cœur sur les réseaux sociaux !

POUR ALLER PLUS LOIN

- HADOT (Pierre), *L'Éloge de Socrate*, Paris, Allia, 1998.
- JAFFRO (Laurent) et LABRUNE (Monique), *Gradus philosophique. Un répertoire d'introductions méthodiques à la lecture des œuvres*, Paris, G-F Flammarion, 1994.
- PLATON, *Apologie de Socrate*, traduction de Luc Brisson, Paris, Flammarion, 2005.

Rendez-vous sur lepetitphilosophe.fr et découvrez :

Plus de 1200 analyses
Claires et synthétiques
Téléchargeables en 30 secondes
À imprimer chez soi

www.lepetitphilosophe.fr

ISBN version numérique : 978-2-8062-4547-2
ISBN version papier : 978-2-8080-0101-4
Dépôt légal : D/2017/12603/485

Conception numérique : Primento,
le partenaire numérique des éditeurs.

Made in the USA
Monee, IL
07 July 2026